Un personnage de Thierry Courtin
Couleurs : Françoise Ficheux

Loi n°49-956 du 16 juillet 1949
sur les publications destinées à la jeunesse,
modifiée par la loi n°2011-525 du 17 mai 2011.
© 2006 Éditions NATHAN, SEJER,
25 avenue Pierre de Coubertin, 75013 Paris
ISBN : 978-2-09-251309-5
Achevé d'imprimer en janvier 2014
par Lego, Vicence, Italie
N° d'éditeur : 10201562 - Dépôt légal : octobre 2006

T'choupi
prend son bain

Illustrations
de Thierry Courtin

– Allez, T'choupi, c'est l'heure du bain ! appelle maman.
Mais T'choupi est occupé.
– Pas tout de suite, je n'ai pas fini de jouer…

– Tu pourras mettre
du bain moussant, si tu veux,
mon T'choupi !
– De la mousse qui sent bon ?
Youpi !

– Hop ! on retire
le tee-shirt...
– ... et mon pantalon,
je l'enlève tout seul !

– Ça va, mon T'choupi,
ce n'est pas trop chaud ?
– Non, c'est bien.
Et avec la mousse
c'est rigolo ! Maman,
tu me donnes mes jouets
de bain ?

– Je ne veux pas
de shampooing aujourd'hui !
– D'accord, T'choupi, mais je te lave bien : le visage, le ventre, le dos, les mains !

– Et moi, maman, je peux te mettre un peu de mousse sur la main ?
– Si tu veux, T'choupi.
Ma main va être toute propre !

T'choupi s'amuse bien
dans le bain.
– Attention, une grosse vague !
Oh ! mon bateau a disparu…

– Vite, il faut le sauver !
Plouf ! T'choupi plonge
et éclabousse la salle de bains.

– Calme-toi un peu, T'choupi… Allez, on va rincer toute cette mousse.
– Hi hi hi, maman, c'est froid, je veux sortir !

– Voici ton petit peignoir, T'choupi ! Tu es tout propre maintenant !
– Et moi, je trouve que je sens très bon !